A sembrar sopa de verduras

escrito e ilustrado por Lois Ehlert

traducido por Alma Flor Ada y F. Isabel Campoy

Libros Viajeros
Harcourt Brace & Company
San Diego New York London

DEDICADO A MIS COMPAÑEROS HORTELANOS:
GLADYS, HARRY, JOHN Y JAN

This is a translation of *Growing Vegetable Soup*.

First Libros Viajeros edition 1996
Libros Viajeros is a registered trademark
of Harcourt Brace & Company.

Library of Congress Cataloging-in-Publication Data
Ehlert, Lois.
[Growing vegetable soup. Spanish]
A sembrar sopa de verduras/escrito e ilustrado por
Lois Ehlert; traducido por Alma Flor Ada y F. Isabel
Campoy.
p.   cm.
"Libros Viajeros."
Summary: A father and child grow vegetables and then
make them into a soup.
ISBN 0-15-201022-X
[1. Vegetable gardening—Fiction.   2. Soups—Fiction.
3. Spanish language materials.]   I. Ada, Alma Flor.   II.
Campoy, F. Isabel.   III. Title.
[PZ7.E384   1996]   95-22800

Printed and bound by Tien Wah Press, Singapore

Q P O N M

Printed in Singapore

Papá dice que vamos
a sembrar sopa
de verduras.

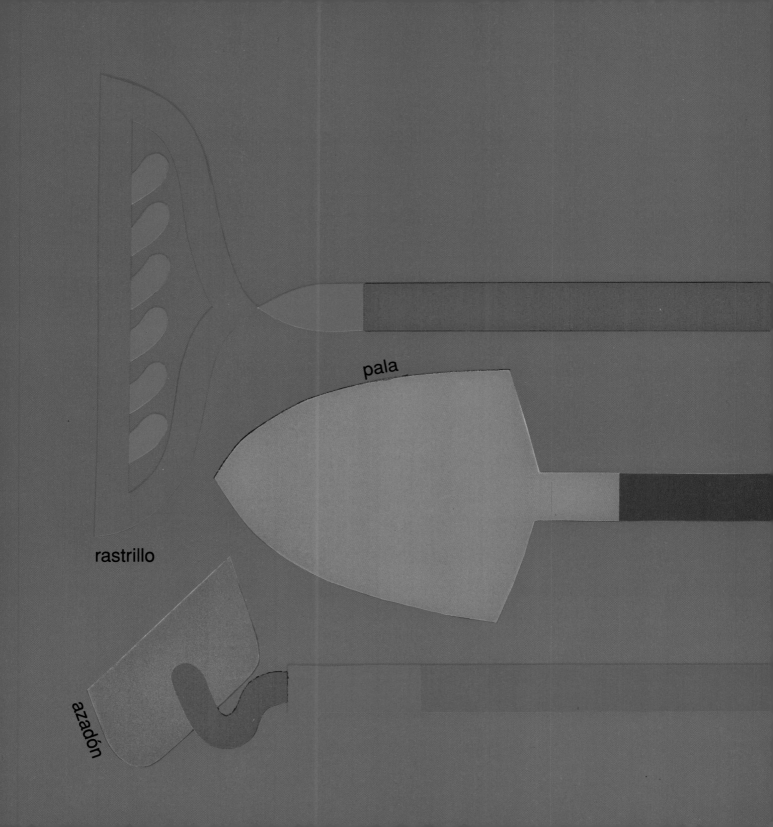

rastrillo

pala

azadón

Estamos listos para trabajar

y nuestras herramientas

también lo están.

Plantamos

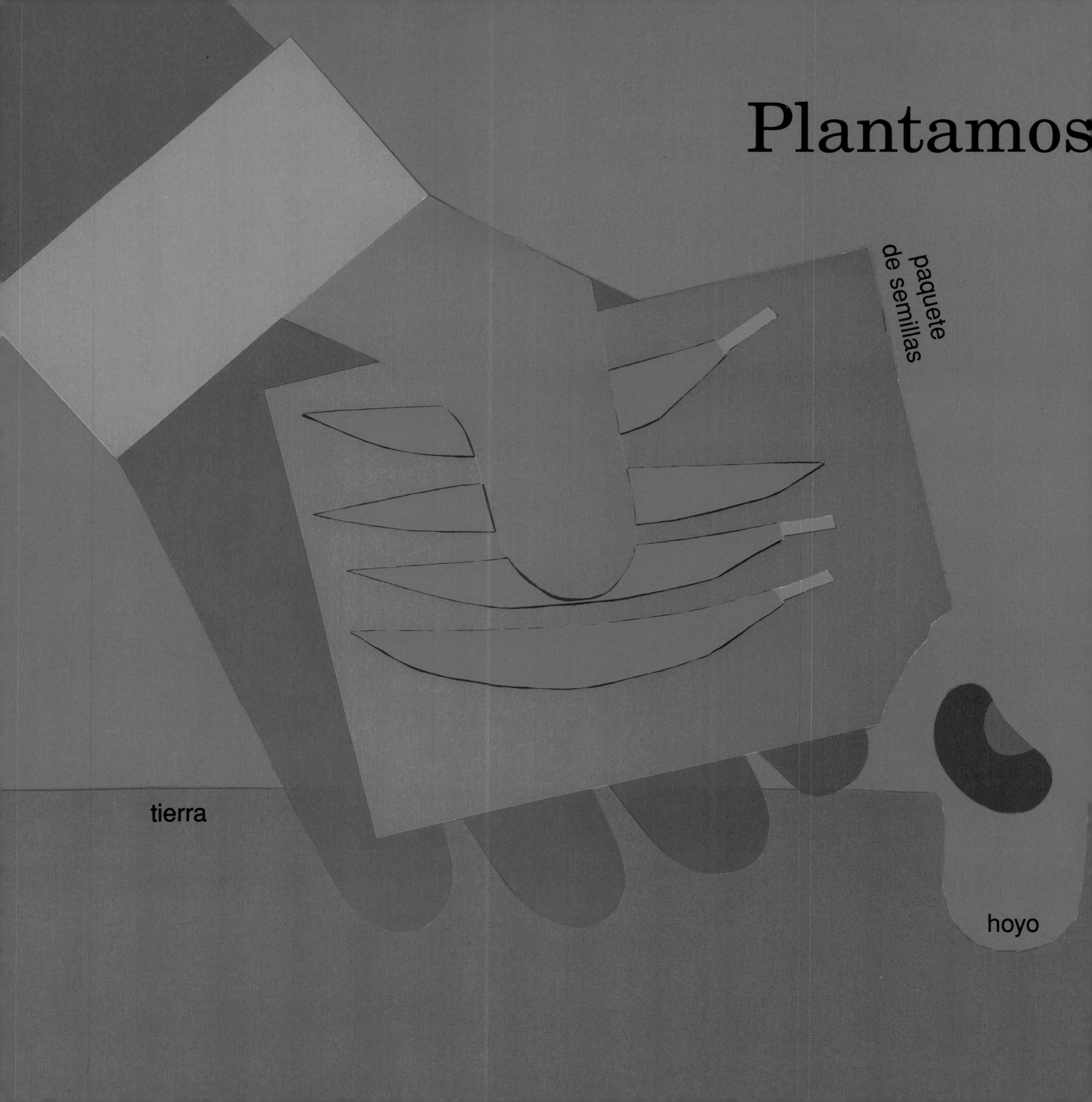

paquete
de semillas

tierra

hoyo

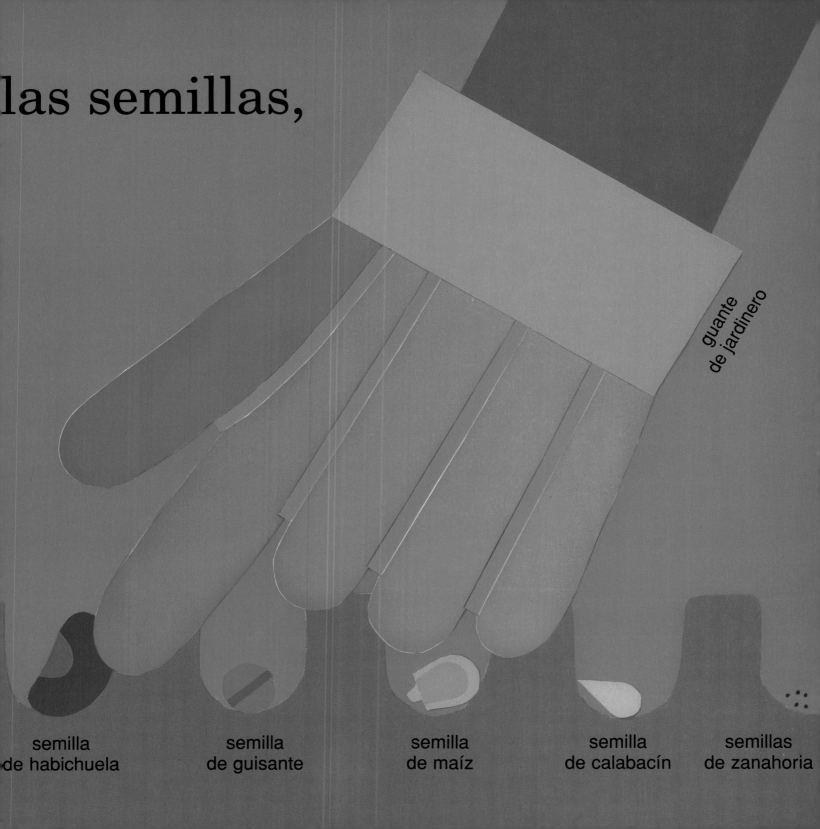

las semillas,

guante de jardinero

semilla
de habichuela

semilla
de guisante

semilla
de maíz

semilla
de calabacín

semillas
de zanahoria

y todos los retoños,

brócoli

TOMATE

ojos de papa

palita

PIMIENTO

COL

cebollas retoñadas

tiestos de musgo

TOMATE

PAPA

HABICHUELA

ZANAHORIA

COL

regadera

y los regamos,

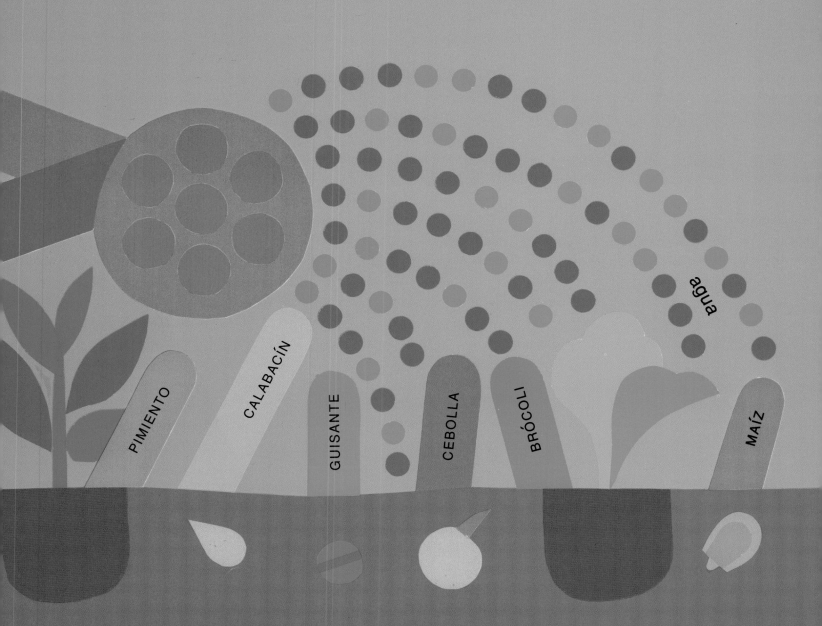

PIMIENTO

CALABACÍN

GUISANTE

CEBOLLA

BRÓCOLI

MAÍZ

agua

y esperamos a que los tibios rayos del sol los hagan crecer

y crecer

tierra

CALABACÍN

CEBOLLA

PAPA

GUISANTE

ZANAHORIA

MAÍZ

mala hierba

y volverse plantas.

red

poste

GUISANTE

tierra

retoño
de calabacín

flor de calabacín

CALABACÍN

gusano

BROCÓLI

les quitamos las malas hierbas

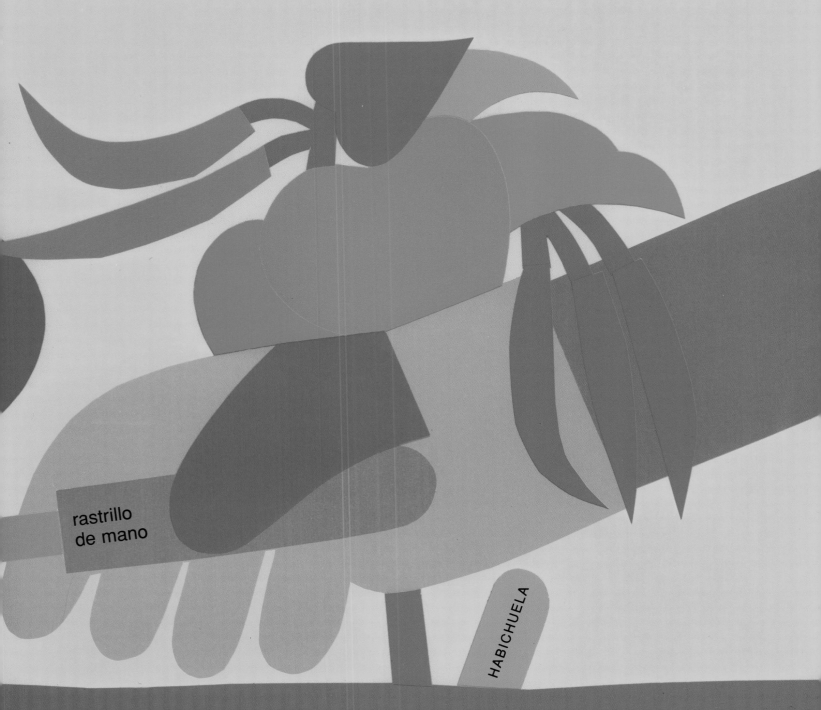

rastrillo
de mano

HABICHUELA

hasta que las verduras
estén listas para que
las cosechemos

TOMATE

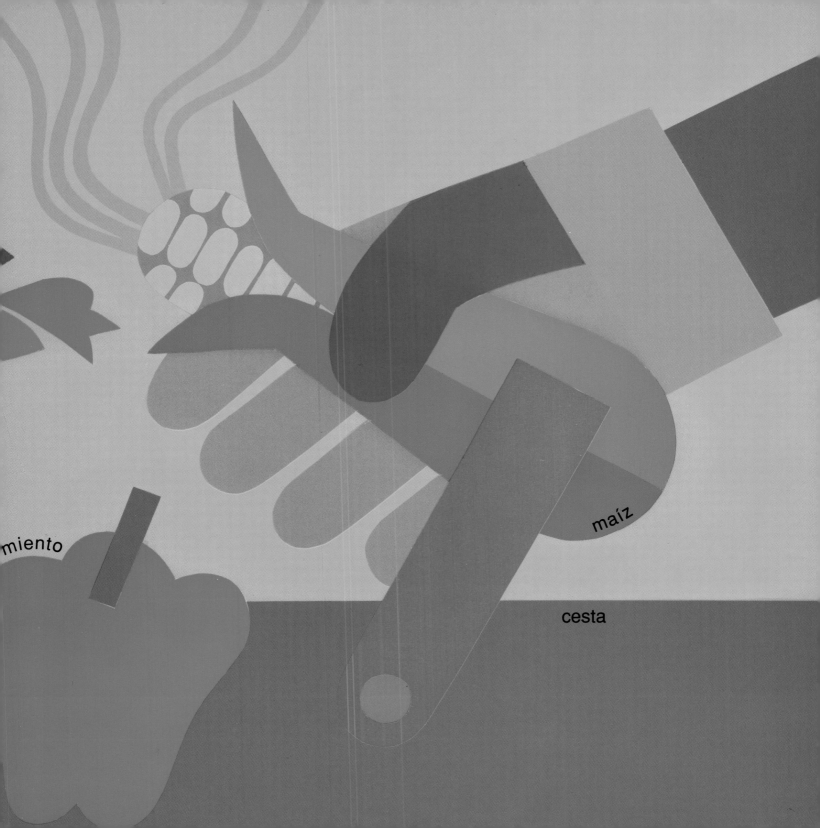

miento

maíz

cesta

o las desenterremos

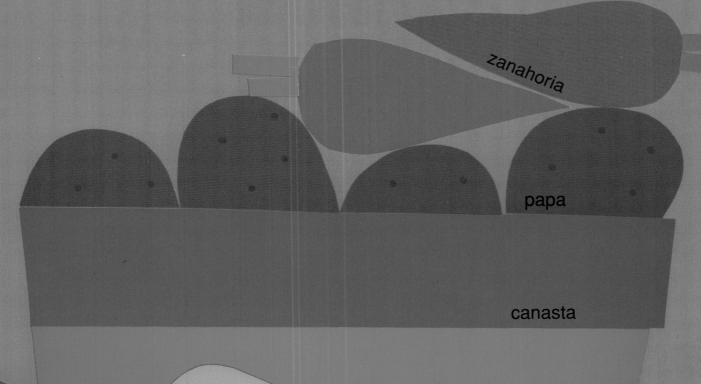

zanahoria

papa

canasta

y las llevemos a casa.
Luego las lavamos

cebolla

cubo

y las cortamos y las ponemos en una olla con agua

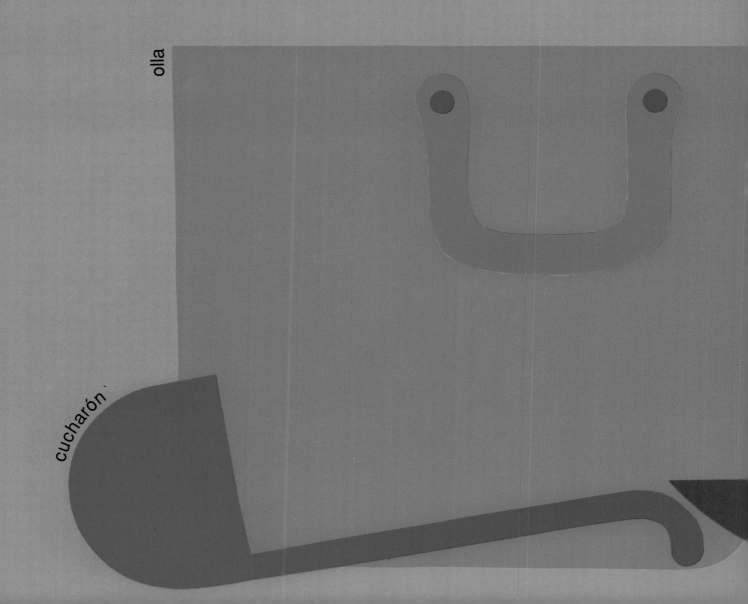

olla

cucharón

zanahoria

maíz

cebolla

calabacín

tomate

guisante

brócoli

papa

pimiento

cuchillo

habichuela

col

y las convertimos
en ¡sopa de verduras!

vapor

cuchara

plato hondo

Y por fin, ¡llega la hora
de comérselo todo!

La mejor sopa
del mundo...

y podemos
sembrarla otra vez
el año que viene.